Administração e Engenharia em Minutos

Anthony Barrios

Direitos autorais © 2022 Anthony Barrios
Todos os direitos reservados..
ISBN: 9798356711886

Administração e Engenharia em Minutos

Este livro será de grande ajuda para a pessoa que está prestes a iniciar uma carreira em uma empresa, seja na área de engenharia ou em administração de empresas. Além disso, para o público em geral que quer entender melhor a atividade desses profissionais.

Agradecimentos

Quero agradecer aos meus professores, supervisores e minha família pelos ensinamentos.

Conteúdo

Introdução

Capítulo 1 **Engenharia**

Capítulo 2 **Administração de Empresas**

Conclusão

Introdução

Pessoas com carreiras em engenharia e administração de empresas trabalham na mesma empresa onde os profissionais de engenharia geralmente estão localizados no departamento **de operações ou supply chain** e profissionais de administração de empresas em funções como **marketing, vendas, finanças ou recursos humanos**. Além disso, não é incomum ver um profissional de engenharia trabalhando em uma área administrativa, por exemplo, marketing ou finanças. Pessoas com engenharia industrial, química ou mecânica, na minha experiência pessoal, em diversas ocasiões ocupam cargos de alta gestão. O mesmo vale para profissionais de administração de empresas que vêm ocupar cargos executivos. Portanto, pelo menos no ambiente de negócios, engenharia e administração de empresas têm objetivos comuns para alcançar os objetivos do empreendimento industrial.

Recomenda-se, se engenheiros e administradores trabalharem juntos para alcançar metas de negócios, conheçam o básico de ambas as profissões.

Começando **pela engenharia moderna**, teve seu início em 1795, quando Napoleão autorizou a criação da École Polytechnique na França que seria a primeira escola de engenharia. Em 1852, a Sociedade Americana de Engenharia Civil foi formada. Em 1880, a Sociedade Americana de Engenharia Mecânica (ASME) foi formada, em 1884, a Sociedade Americana de Engenheiros Elétricos foi formada, em 1908 o Instituto de Engenheiros Químicos, e em 1948 o Instituto Americano de Engenheiros Industriais.

Como se pode ver, a engenharia civil (projetando estruturas para fins civis) foi a primeira engenharia a ser estabelecida para separá-la da engenharia militar. Com as descobertas de novas tecnologias, foram criadas as outras especialidades. A base da engenharia está nos seguintes cinco ramos de engenharia:

1. Engenharia Civil.

2. Engenharia Mecânica.

3. Engenharia Elétrica.

4. Engenharia Química.

5. Engenharia Industrial.

A partir dessas cinco engenharias as outras podem ser derivadas. Por exemplo, **a engenharia mecânica** é derivada aeroespacial, automotiva, mecatrônica, naval, eletromecânica, entre outras. A partir de **engenharia química**, engenharia de alimentos, petroquímicos, bioquímica são derivados. Desde **engenharia civil**, ambiental, sanitária, transporte, engenharia ambiental ou agrícola. **Desde engenharia elétrica,** a engenharia de controle, telecomunicações, eletrônica, computadores ou bioengenharia são derivados. Desde **engenharia industrial**, engenharia de produção ou fabricação, engenharia logística, engenharia de segurança, engenharia de negócios são derivados.

As carreiras de engenharia são normalmente divididas em dois ciclos de conhecimento:

1. **Ciclo de ciências básicas de engenharia** ou fundação de engenharia incluindo: Matemática, Física, Química, Ciência dos Materiais, Engenharia Econômica, Teoria da Eletricidade, Dinâmica, Estática, Resistência ao Material, Termodinâmica e Mecânica de Fluidos.

- **Matemática:** Inclui temas como álgebra, trigonometria, geometria, álgebra linear, números complexos, cálculo, equações diferenciais, métodos numéricos e estatísticas.

- **Física:** Estudos de matéria, energia e espaço que incluem temas como leis de Newton, trabalho, energia, energia, mecânica de fluidos, termodinâmica, som, eletricidade e magnetismo.

- **Química**: O estudo da matéria, átomos, estrutura molecular, reações químicas, química inorgânica e orgânica. Ácidos e Bases.

- **Ciência dos Materiais**: Estudos das propriedades dos materiais, estrutura de materiais, corrosão, tipos de materiais em engenharia (metais, cerâmicas, polímeros, compósitos).

- **Engenharia Econômica**: Leva em conta o valor do dinheiro ao longo do tempo, valor presente e futuro. Análise econômica, seleção de projetos, inflação, impostos e depreciação.

- **Teoria da eletricidade**: Estudos de circuitos, resistores, capacitores, indutores, diodos, campos magnéticos, eletrônicos, tensão, alternação e corrente direta. Sistema trifásica e monofásica. Motores, geradores e transformadores.

- **Dinâmica e Estática**: Cinemática, cinética, trabalho, energia, momento. Força, impulso, atrito, estruturas e momento de inércia.

- **Resistência aos Materiais**: Estresse, tensão, compressão, torção, colunas, deformação de materiais.

- **Termodinâmica e Mecânica de Fluidos**: Inclui propriedades dos fluidos. Fluidos em repouso e em movimento, bombas, turbinas, compressores e ventiladores. Análise de gases, propriedades e processos termodinâmicos, Leis da termodinâmica (Primeira, Segunda Lei), ciclos de energia, refrigeração, motores de combustão interna. Densidade, pressão, temperatura. Transferência de Calor (Condução, Convecção, Radiação). Equilíbrio de Massa e Energia.

Para os estudantes de engenharia é importante aprender as ciências básicas, pois pode ajudá-los a formar sua base científica de sua profissão.

2. **Especialidades de acordo com o ramo específico da engenharia.** Eles são baseados nas ciências básicas da engenharia com uma aplicação prática. Por exemplo, em Engenharia Mecânica, baseia seus conhecimentos em termodinâmica aplicada, mecânica de fluidos e materiais. Engenharia Civil na resistência de materiais, mecânica, estática ou fluida, entre outros.

Para todas as especialidades de engenharia é importante dominar as ciências básicas, pois elas representam a base para estudos aplicados à concepção, construção, instalação, operação ou manutenção.

No ramo da construção civil, várias empresas de engenharia trabalham em equipe, por exemplo, engenharia civil, mecânica e elétrica junto com o arquiteto na construção de um prédio. Por isso, é importante ter ideias básicas de outras áreas da engenharia, além da sua especialidade.

A **licença profissional** em engenharia é concedida ao graduado que tem as competências necessárias para a prática de acordo com a organização de engenharia de cada país. Por exemplo, nos Estados Unidos, você geralmente precisa de um Bacharelado em Engenharia, passando no exame Fundamental de Engenharia (FE), no exame de Engenharia Profissional (PE) e vários anos de experiência relevante em engenharia. O Conselho Nacional de Examinadores de Engenharia e Levantamento (NCEES) administra esses exames.

No que diz respeito à **administração empresarial**, suas origens remontam aos tempos mencionados na Bíblia, além das civilizações egípcias ou romanas, quando as pessoas começaram a se organizar para alcançar um objetivo comum. A revolução industrial, as ideias do economista Adam Smith em seu livro Riquezas das Nações, por exemplo, a divisão do trabalho, influenciaram a administração empresarial. A administração moderna surgiu no final do século XIX. Contribuições de Frederick Taylor, considerado pai da gestão científica, Henry Gantt, cujo famoso gráfico leva seu nome, Henri Fayol, que criou os 14 princípios administrativos. Esses princípios são a divisão do trabalho, autoridade e responsabilidade, disciplina, unidade de comando, unidade de gestão, subordinação do interesse individual ao general, remuneração, centralização, hierarquia, ordem, equidade, estabilidade de pessoal, iniciativa e espírito de grupo.

O processo administrativo inclui o planejamento, organização, direção e controle mencionados por Fayol que até hoje tem relevância.

Uma empresa nasce de uma ideia que esperamos que se torne um empreendimento lucrativo.

Você deve ser claro sobre a missão (propósito do negócio) e os objetivos funcionais e da empresa que você deseja alcançar. Um MBA (Mestrado em Administração de Empresas) ou bacharel em Administração de Empresas estuda em detalhes as funções e atividades de uma empresa.

Estas funções são:

1. **Gestão Geral:** É o líder empresarial que é responsável pelos resultados da empresa com o apoio de gestores funcionais.

2. **Finanças:** é responsável pelas demonstrações financeiras da empresa, gestão de capital de giro (Estoques, contas a receber e conta a pagar) e gestão do fluxo de caixa.

3. **Operações e Supply Chain:** Coordena as atividades para a fabricação do produto ou serviço que inclui, previsões, design de produto, garantia de qualidade, projeto do processo de produção e instalações, localização da fábrica, estudo de trabalho e segurança industrial, cadeia de suprimentos (Compras, Armazenagem, Distribuição aos clientes), inventário, planejamento de produção e manutenção.

4. Marketing e Vendas: Responsável pelo design do produto de acordo com o que o cliente quer, atribuir o preço, promoção e estabelecer os canais de distribuição.

5. Recursos Humanos: o que facilita com a contratação de pessoal, clima organizacional, motivação, folha de pagamento entre outras funções.

6. Jurídica e Tecnologia da Informação: que apoia as funções do negócio (contratos, trabalhistas e comerciais, estabelecem a empresa formalmente perante o Estado entre outras funções). Tecnologia da informação que suporta com hardware e ferramentas de software que o negócio é mais eficiente.

Organograma típico de uma empresa.

Cada área de administração (Finanças, Operações, Recursos Humanos, Marketing e Vendas) exerce funções de planejamento, organização, direcionamento e controle das atividades de seu departamento.

Gestão de operações é muito relacionados com a **engenharia de produção** portanto, podemos ver que existem semelhanças de engenharia e gestão.

Capítulo 1

Engenharia

Setor Industrial

Apresentaremos uma visão geral da engenharia neste capítulo e administração de empresas no próximo capítulo.

A engenharia básica é a seguinte:

A. Engenharia Civil

A Engenharia Civil foi o primeiro ramo de engenharia formalmente criado dos tempos modernos.

Dedica-se ao projeto, construção e manutenção de grandes obras de infraestrutura, como pontes, rodovias, prédios, aeroportos, canais, muros de contenção, aquedutos, abastecimento de água, obras de saneamento para o setor público ou privado.

A engenharia civil é muito ampla e possui 5 campos principais:

1. Engenharia Hidráulica e Ambiental.

2. Engenharia Estrutural.

3. Engenharia Geotécnica.

4. Engenharia de Transporte.

5. Engenharia de Construção.

Engenharia Hidráulica e Ambiental:

É responsável por obras que envolvem a distribuição de água, sistema de coleta de água da chuva, tratamento de água por tratamentos físico-químicos ou biológicos para garantir a qualidade da água. Sistema de água potável.

Engenharia Estrutural:

Elaboram planos com os elementos estruturais (vigas, colunas, treliças entre outros) para garantir a estabilidade e o apoio de uma estrutura específica (um prédio, uma ponte, uma casa, estádios de futebol). Você deve levar em conta os diferentes tipos de cargas (vivas, mortas, laterais) para projetar os diferentes elementos estruturais com os materiais apropriados, como concreto, aço entre outros. A estrutura é comparada com o esqueleto do corpo humano que é o que garante o apoio a todo o corpo. Da mesma forma, a estrutura de um edifício suporta as cargas do mesmo e as transmite eficientemente para as fundações e o solo. Esta área é a chave para a segurança do prédio.

Engenharia Geotécnica:

É responsável pelo estudo da mecânica do solo. Realizar testes para saber a composição do solo e determinar sua capacidade de suportar as cargas. Junto com os engenheiros estruturais trabalham nas bases da estrutura. É inútil realizar a construção com uma estrutura sólida se o solo não puder suportar as cargas. Portanto, a engenharia geotécnica desempenha um papel fundamental na segurança e construção. Ao investir em terra, considere o quão importante é a construção. Além disso, verifique se ele é plano ou inclinado, quantos metros quadrados são úteis para sua construção e sua orientação em relação ao sol.

Engenharia de Transporte:

É dedicado à construção de estradas, calçadas, aeroportos entre outros. Eles verificam que as rodovias têm a inclinação certa ou as curvas não são muito íngremes. Controle de tráfego. É uma parte vital da logística para movimentar com segurança pessoas, bens e produtos.

Engenharia de Construção:

Eles são responsáveis pela execução, juntamente com os subcontratados, o que está estabelecido nos planos arquitetônicos, estruturais, de instalação de serviços,

entre outros. Interpretação dos planos.
Gerencia métodos de construção, equipamentos,
produtividade, segurança da construção. Além da
logística de materiais de construção.

É preciso supervisionar a construção envolvendo
diversas atividades como escavações de terra,
fundações, estruturas, alvenaria, piso, tetos,
acabamentos, pinturas e serviços (encanamento,
eletricidade, gás, ar condicionado, comunicações)
entre outros, em colaboração com especialistas em
Engenharia e Arquitetura.

Na construção de um prédio, vários profissionais
estão envolvidos:

- Investidor. Que é o que investe no projeto
com fundos próprios ou financiados.

- Arquitetos. Eles fazem os planos arquitetônicos. Eles podem solicitar licenças governamentais para construção.

- Engenheiros Estruturais, Mecânicos, Elétricos que projetam os planos estruturais (Fundações, Colunas, Vigas), encanamento, sanitário, elétrico, gás, sistema de incêndio, ar condicionado, entre outros.

- Agente Imobiliário que pode ser contratado para venda ou locação dos imóveis.

- Instituições Financeiras para o financiamento do projeto.

- Encanadores, eletricistas, pedreiros, assistentes entre outros.

B. Engenharia Mecânica

A engenharia mecânica foi uma das primeiras disciplinas de engenharia a ser estabelecida.

Atua em atividades de projeto, construção, instalação, operação e manutenção de obras mecânicas, por exemplo. ar condicionado e refrigeração, gás, ar comprimido, sistemas hidráulicos e térmicos, além de projeto mecânico.

Está intimamente relacionado com a Física (Mecânica de Fluidos e Termodinâmica) e design.

Tem 3 campos principais:

1. Sistemas termo fluidos.

2. Aquecimento, Ventilação, Ar Condicionado e Refrigeração.

3. Projeto Mecânico e Materiais.

1. Sistemas termo fluidos.

Os sistemas termo fluidos baseiam-se em dois assuntos importantes das ciências básicas da engenharia, como termodinâmica e mecânica de fluidos. A termodinâmica envolve o armazenamento, a transformação da energia. A energia pode ser interna (movimento de suas partículas), cinética (velocidade) ou potencial (altura).

O calor está relacionado ao trabalho com a seguinte fórmula (Primeira lei da termodinâmica):

$Q - W = E$ onde Q é calor, W é trabalho e E é energia.

A segunda lei diz respeito ao princípio de que o calor flui de um corpo de alta temperatura a um corpo de baixa temperatura. Este princípio ajuda na concepção de sistemas de ar condicionado, refrigeração, condensadores, evaporadores.

Por termodinâmica, os equipamentos são analisados para gerar eletricidade, como turbinas, geradores de vapor, motores de combustão interna, trocadores de calor e torres de resfriamento.

A mecânica do fluido trata os fluidos em repouso e em movimento. Propriedades como densidade, viscosidade, pressão são importantes.

Os sistemas fluidos compreendem não apenas água, mas também óleo ou gases.

São analisadas bombas, ventiladores, compressores, vasos de pressão, válvulas de controle, atuadores, conexões e sistemas de distribuição de fluidos nos tubos. Além disso, utiliza ciclos termodinâmicos como base para a usina de geração de energia.

2. **Aquecimento, Ventilação, Ar Condicionado e Refrigeração.**

A engenharia de HVAC (**H**eating, **V**entilation e **A**ir **C**onditioning) visa projetar e instalar sistemas de HVAC para controlar temperatura, umidade e qualidade do ar, para dar conforto às pessoas que ocupam a estrutura, um edifício, por exemplo. Também tem aplicação em ambientes industriais onde são necessários resfriamento, água fria e troca de calor.

Existem 3 formas de transferência de calor, que são as seguintes:

- Condução: É transferida por contato, é transferida por colisões de moléculas do material.

- Convecção: É transferido para o fluido. Por exemplo, quando a água fervente.

- Radiação: O calor é transferido por ondas eletromagnéticas.

3. Projeto Mecânico e Materiais.

O design mecânico visa atender a uma necessidade do consumidor com produtos, com segurança e funcionalidade que podem ser produzidos e vendidos.

No projeto, a necessidade é reconhecida, o problema é definido e uma solução viável é apresentada, com protótipos para avaliação e produção.

Dependendo do produto, são consideradas as propriedades dos materiais a serem utilizados, força, análise estrutural, fator de segurança, corrosão, fabricação, manutenção entre outros.

Entre suas aplicações, trata elementos mecânicos como tanques, vasos de pressão, rolamentos, engrenagens, molas, amortecedores, correias, polias, correntes, parafuso de alimentação, eixos de transmissão, câmeras, componentes hidráulicos e pneumáticos, motores, soldagem, parafusos, rebites, adesivos, lubrificação, sensores entre outros.

Materiais

Existem quatro categorias de materiais utilizados principalmente na engenharia:

- Metais: Ferroso (Aço) e Não Ferroso (cobre, alumínio).
- Cerâmica: (Argilas, sílicas).
- Polímeros: São divididos em **termoplásticos,**

(polietileno), **termoessets**, (fenóis, epóxi) e elastômeros (borracha, silicone, poliuretano).

- Compostos (Mistura das 3 categorias anteriores).

C. Engenharia Industrial e Gestão de Operações

Devido à sua semelhança para fins profissionais, a **engenharia industrial** e **a gestão de operações** serão apresentadas em conjunto.

A Engenharia Industrial está relacionada à **produção ou fabricação de** um produto acabado e **à distribuição** aos clientes. Frederick Taylor é considerado o pai da Engenharia Industrial. Taylor fez apresentações à ASME (Sociedade Americana de Engenharia Mecânica), onde apresentou sua visão da administração do workshop onde incluiu temas como estudo de métodos, planejamento, custos entre outros. Engenharia industrial em seus primórdios desenvolvida como um ramo de engenharia mecânica. Também está relacionado à gestão, é especial para a gestão de operações.

Portanto, o engenheiro industrial pode ser considerado um engenheiro de produção ou fabricação cujo objetivo é produzir com a maior **produtividade, qualidade, segurança e sustentabilidade.**

Devido ao seu conhecimento de engenharia e administração de empresas, em muitas ocasiões, engenheiros industriais atuam nas áreas administrativas em Marketing, Vendas, Recursos Humanos ou Finanças.

Funções:

1. **Design de produtos ou serviços:**

   Você tem uma ideia do produto que deseja introduzir ao mercado de acordo com as exigências do cliente, então avalie sua viabilidade econômica de acordo com a margem financeira que deseja alcançar. Além disso, é realizado um teste de mercado para avaliar o potencial do produto. Elaboram especificações do produto, o processo de produção e a distribuição da planta são projetados (por posição fixa, funcional ou por produto) em um ambiente de eliminação de resíduos (Lean) e variabilidade controlada (seis sigmas).

2. Qualidade

Sem qualidade no produto, a empresa não vai chegar muito longe. Portanto, é um aspecto importante do departamento de operações e de toda a empresa. Existem normas internacionais (por exemplo.ISO) que ajudam para este fim e também controles estatísticos de qualidade envolvendo gráficos de controle variável, atributos ou amostragem de aceitação. A qualidade é uma metodologia de processo contínuo com ferramentas, por exemplo, o diagrama de causa e efeito, gráficos Pareto, fluxograma, histogramas entre outros. O importante é buscar uma metodologia que garanta a qualidade do produto.

3. Planejamento de operações

É multifuncional (**Planejamento Agregado**) onde são estimados por meio estatístico ou por experiência do pessoal comercial estabelecer as estimativas de vendas para os próximos 3 a 18 meses. (é aconselhável ter uma mente aberta e colaborativa entre departamentos para elaborar estimativas de vendas). Em seguida, com essas informações, um plano mais detalhado (**programa de produção mestre**) é feito para a fábrica por produto pelos próximos 1 a 3 meses, onde especifica qual produto e quando produzi-lo. Com esse plano, avalia-se a capacidade de mão-de-obra, máquinas e compras de matérias-primas. Em seguida, um **plano de curto prazo** é feito para alocar os empregos diários e semanais.

4. Estudo de Trabalho e Segurança

Envolve a análise de métodos de trabalho para reduzir distâncias, tempos e inspeções e obter uma operação mais eficiente e segura. Estudos de tempo também são realizados para determinar o tempo que leva para produzir um produto ou serviço.

Em relação à segurança, deve-se lembrar que devemos sempre voltar para casa sãos e salvos após uma atividade de trabalho. É importante realizar uma análise de risco do cargo ou atividade para identificar os prováveis eventos que podem ocorrer, por exemplo, riscos mecânicos (movimentos de máquinas, quedas de altura, cortes, projeção de partículas, vibrações, temperatura, levantamento de pesos), riscos elétricos (arcos elétricos, eletrocussão, incêndio), biológicos (bactérias, vírus, fungos que podem nos causar doenças), ambientais (ruído, ventilação, resíduos perigosos, poluentes ambientais) ou químicos (substâncias ácidas ou corrosivas, gases, poeira, inflamáveis substâncias).

Recomenda-se ser treinado em primeiros socorros básicos.

Além da segurança, a ergonomia do cargo deve ser compreendida para evitar distúrbios osteomusculares no ambiente de trabalho. (por exemplo, ter uma cadeira adequada, uma postura adequada em frente ao computador).

Nossas capacidades anatômicas,

fisiológicas e psicológicas devem ser levadas em consideração nas tarefas que realizamos.

Medidas de segurança e ergonomia devem ser seguidas pelo pessoal da empresa e fornecedores.

Ao iniciar uma posição, peça uma indução de segurança e ergonomia. Lembre-se de que nada do que fazemos é mais importante do que trabalhar de forma segura e ergonômica.

5. Compras, Armazenamento e Distribuição.

As compras são de grande importância na empresa, pois mantém o negócio funcionando em suas diferentes áreas. Na fábrica, ele mantém a produção comprando matérias-primas no prazo. Em Finanças, cria os documentos de origem para prosseguir com os pagamentos. Em Marketing, compra promocional, publicidade, design gráfico para aumentar as vendas

Em Recursos Humanos, é contratada equipe de terceirização.

Além disso, gerencia projetos de melhoria contínua e redução de custos que representam um Centro de Lucro Financeiro para os acionistas.

Armazenamento e Distribuição: O armazém serve como ponto de consolidação para abrigar os produtos fabricados ou adquiridos e auxilia o processo de produção e comercialização com a disponibilidade de estoque. Distribuição com transportadoras próprias ou contratadas e rotas estabelecidas, envia produtos para clientes ou outros centros de distribuição. O custo de armazenamento e distribuição deve ser medido em relação às vendas e comparado com a indústria.

6. Inventário

O objetivo do estoque é encontrar um equilíbrio entre a quantidade de dinheiro investido no estoque e o atendimento ao cliente que pode ser alcançado.

Diferentes ferramentas podem ser utilizadas para controle de estoque, por exemplo, ponto de reabastecimento ou MRP (Material Requirement Planning) e Gráficos de Pareto.

A demanda deve ser prevista como um insumo para a gestão de estoque. Se tivermos uma previsão ruim, poderemos ter faltas ou excessos de estoque que afetem as vendas ou o capital de giro da empresa.

Tipos de inventário:

- Inventário de matérias-primas e embalagens.
- Estoque em processo.

- Inventário para manutenção, reparo e operações (MRO).
- Estoque de produtos acabados.

Além disso, é importante analisar o estoque do ponto de vista do Gráfico de Pareto. Geralmente 80% do valor do estoque corresponde a 20% do número de itens.

7. Manutenção:

O objetivo da manutenção é permitir que equipamentos e estruturas funcionem adequadamente e preservem a utilidade do ativo. Temos vários tipos de manutenção:

- Manutenção corretiva. É reparado quando há uma falha.

- Mantimento preventivo. São realizadas inspeções periódicas para manter o equipamento em boas condições e evitar emergências.

- Manutenção preditiva: equipamentos especializados são usados para detectar falhas antes que elas ocorram. Por exemplo, análise de vibração, câmeras termográficas, ultrassom aplicado à manutenção, análise de lubrificantes.

O campo da engenharia industrial é desenvolvido em toda a fábrica e centros de distribuição. Está relacionado com a gestão de operações.

D. Engenharia Elétrica

A engenharia elétrica é um ramo da engenharia que projeta, instala, opera e mantém sistemas elétricos relacionados à Física (eletricidade e magnetismo) e à Matemática.

Estuda circuitos elétricos (caminhos fechados por onde circula a corrente), corrente alternada e contínua (fluxo de elétrons onde direto, é em um sentido e alternado, em dois sentidos), tensão (diferença de potencial entre dois pontos), componentes elétricos (resistores, capacitores e indutores) e energia elétrica.

Às vezes, é feita uma analogia de um circuito elétrico com um hidráulico, onde uma bomba de água (aumento de pressão) equivale à bateria, a eletricidade seria equivalente à água corrente e a resistência elétrica a uma resistência no fluxo.

A engenharia elétrica tem dois campos principais:

1. Sistemas de Energia.

2. Eletrônica, Controle e Comunicações.

1. Sistemas de Energia

Trata das questões de geração, transmissão e distribuição de energia elétrica. Além disso, com o projeto, o funcionamento de máquinas elétricas como geradores (transforma energia mecânica em energia elétrica), motores (transforma energia elétrica em energia mecânica) e transformadores (podem aumentar ou diminuir a tensão).

Geralmente, na saída da usina geradora, a tensão é elevada para evitar perdas na transmissão elétrica e nas subestações de distribuição, em transformadores, a tensão é reduzida para que seja adequada para edifícios, residências, comércios ou indústrias.

Existem vários métodos para gerar energia elétrica.

Assim temos, energia eólica (utiliza a energia do vento para gerar eletricidade), hidroelétrica (utiliza a energia da água), solar, geotérmica, combustão interna, gás e nuclear.

2. Eletrônica, Controle e Comunicações.

Esta área é muito ampla e é responsável pelos projetos de diversos desenvolvimentos modernos como hardware e redes de computadores, controladores lógicos programáveis (CLP) para controle de parâmetros em indústrias, robótica, televisão, equipamentos médicos, áudio e vídeo, antenas, telecomunicações, internet, comunicação cabeada e sem fio, telefones celulares, sistema de segurança entre outros.

Na área de instrumentação e controle, dispositivos são projetados para controlar a temperatura, pressão ou nível de um tanque, por exemplo, por meio de um sistema de controle. Um sistema de controle atua como o cérebro humano, que quando ocorrem determinadas condições que foram programadas antecipadamente, um sensor pode determinar as variações e realizar ações com os atuadores. É essencial para a automação industrial.

Na área de comunicações, projetam sistemas que recebem e transmitem informações por áudio ou vídeo. Entre suas aplicações, temos o rádio, o telefone e os sistemas de comunicação de computadores.

E. Engenharia Química

A engenharia química é o ramo da engenharia relacionado ao projeto, construção, instalação, operação de plantas e equipamentos para realizar reações químicas na produção em nível industrial. Suas origens estão relacionadas à Engenharia Mecânica e à Química Industrial.

Os engenheiros químicos têm amplo conhecimento de balanço de massa e energia, termodinâmica, transferência de calor, reações químicas, mecânica dos fluidos, transferência de massa, bem como o projeto e operação ou produção de uma planta onde ocorrem reações químicas no processo industrial.

Exemplos de plantas químicas seriam a fabricação de álcool, soda cáustica ou uma refinaria de petróleo.

Operações Unitárias e Processos Unitários

As operações unitárias são elementos básicos de um processo industrial químico, por exemplo, evaporação, secagem, destilação, filtração, umidificação, entre outros. Como você pode ver, são mudanças físicas, já que uma reação química não ocorre. Processos unitários são etapas do processo onde há uma reação química, por exemplo, saponificação, eletrólise, fermentação, polimerização, combustão, entre outras.

A saponificação é utilizada para a fabricação de sabão onde uma gordura reage com hidróxido de sódio e a reação química resulta em sabão e glicerina.

Capítulo 2

Administração de Empresas

Plano de negócios

A administração moderna teve suas origens no final do século XIX. A primeira escola moderna de administração foi formada na Universidade da Pensilvânia em 1881. Em 1908, a Universidade de Harvard formou seu primeiro MBA (Master of Business Administration) onde um de seus cursos ensinou a administração científica de Frederick Taylor, que influenciou a gestão de operações. No programa acadêmico de administração de empresas no nível de mestrado, geralmente no primeiro ano, são estudados contabilidade geral e de custos, economia (macroeconomia e microeconomia), estatística, métodos quantitativos de administração, comportamento organizacional, ética, fundamentos do direito empresarial., além de áreas funcionais como Marketing, Finanças, Recursos Humanos e Operações.

Já no segundo ano de estudo, são cursadas optativas para concluir uma ou duas especializações, que podem ser em Negócios Internacionais, Marketing, Contabilidade, Operações, entre outras.

Por fim, é feita uma disciplina integrativa onde são aplicadas as áreas funcionais, o que é muito importante para a gestão geral.

As empresas são geralmente divididas em 5 departamentos funcionais que são os seguintes:

1. Marketing e Vendas

2. Finanças

3. Operações

4. Recursos Humanos

5. Tecnologia da informação

A. Marketing e Vendas

Marketing e Vendas possibilita o aumento da receita da empresa. É lógico pensar que, se não houver venda de produtos ou serviços, a empresa pode falir. Portanto, é fundamental que tenhamos uma gestão de vendas eficiente.

Marketing é a atividade empresarial que satisfaz as necessidades dos clientes com produtos adequados, atribuindo preços, publicidade criativa e estabelecendo canais de distribuição.

Funções:

1. Desenvolvimento do produto: O produto nasce com um brainstorming onde são escolhidos os mais promissores e avalia-se se atendem aos objetivos de marketing para satisfazer os clientes. A rentabilidade do produto (Demanda, Margens, Lucro, Fluxo de

Caixa) também deve ser avaliada. O desenvolvimento de um protótipo continua avaliando sua fabricação, matérias-primas e embalagens, incluindo o rótulo. Em seguida, é realizado um teste de mercado para sua posterior comercialização e distribuição.

2. Preços:

Vale ressaltar que a atribuição de preços é de vital importância para a venda dos produtos. Devemos levar em conta os preços da concorrência, o que me custa produzir o produto, o volume de vendas esperado, segmentação (geográfica, demográfica), diferenciação (como os clientes percebem um valor agregado diferente) e posicionamento (como os clientes veem o produto em relação à concorrência).

Como mencionado acima, você precisa saber os custos. Os custos são divididos em custos variáveis (relacionados ao nível de produção, por exemplo, mão de obra ou matérias-primas), custos fixos (custos que não mudam com o nível de produção, por exemplo, o aluguel das instalações). O custo total é a soma dos custos fixos e variáveis.

Os preços são estabelecidos da seguinte forma:

• Custo mais a margem a ser alcançada. Por exemplo, se uma margem de 50% for desejada e o custo de produção for $ 100, o preço de venda seria $ 200 (100 /(1-0,50) = $ 200).

• Condições de mercado competitivas.

• Estratégia de marketing.

3. Promoção

A estratégia de promoção ajuda a atingir os objetivos

da organização. Um produto falhará se os consumidores não souberem que ele existe, mesmo que seja bom. Portanto, o processo de informar é fundamental, dos benefícios que são obtidos ao comprar o produto. Entre os métodos de promoção e publicidade temos os seguintes:

- Venda Pessoal: São realizadas presencialmente ou por telefone. É uma comunicação direta. Comece com a prospecção, para identificar potenciais clientes.

- Publicidade: Pode ser comunicada pela televisão, rádio, revistas, jornais. É uma comunicação indireta.

- Promoção de vendas: eventos temporários para atingir um objetivo de marketing, por exemplo, patrocínios de eventos, concursos, exposições comerciais ou industriais, exposições, descontos, amostras, prêmios, descontos, 2x1 etc.

- Relações Públicas: Geralmente é publicidade não paga. Seria um artigo de revista mencionando positivamente a empresa, ou uma coletiva de imprensa.

- Marketing Digital: Uso das redes sociais para comunicação de marketing.

A empresa deve estabelecer o mix de promoção que auxilia a estratégia da empresa. Você também deve determinar a porcentagem de vendas a ser alocada nesse mix para que a empresa continue lucrativa.

4. Canais de Distribuição.

A empresa deve determinar o caminho ou rota que levará seus produtos aos clientes-alvo.

Os principais canais de distribuição são os seguintes:

- Fabricante para Consumidor

- Fabricante para varejista para consumidor

- Fabricante para atacadista, varejista e consumidor

O esforço de marketing deve conseguir aumentar os volumes de vendas, a participação de mercado e com o controle adequado dos custos de marketing para alcançar o lucro líquido desejado. Você pode avaliar a eficácia das vendas por territórios, produtos ou tipo de clientes.

5. Atendimento ao Cliente:

Apoia o cliente na verificação de estoque, recebimento de pedidos, reclamações, substituição de produtos, dúvidas gerais do cliente, reparos, garantia do produto e relatório do status do pedido. Além disso, você pode realizar pesquisas com clientes para melhoria contínua. Garante que a experiência pós-venda seja adequada para manter o cliente satisfeito.

B. Finanças e Contabilidade

O departamento financeiro administra o dinheiro da empresa. Diz-se que o dinheiro é rei, pois, se não o tivermos, não podemos comprar materiais para produzir ou pagar acionistas, funcionários, fornecedores, impostos, investimentos, despesas, entre outros. Portanto, uma gestão financeira eficiente é necessária para a sobrevivência da empresa e a melhor tomada de decisão.

Funções:

1. **Gestão de Capital de Giro**

É uma gestão financeira de curto prazo do ativo circulante (Caixa, Contas a Receber e Estoques) e do passivo circulante (Contas a Pagar). A fórmula do capital de giro é:

Capital de Giro: Ativo Circulante – Passivo Circulante.

Os gerentes financeiros gastam muito tempo nessa função. Se você possui um grande estoque, pode ter investido uma grande quantia de dinheiro nele, o que, além do custo financeiro, pode envolver produtos obsoletos. Portanto, o estoque deve ser gerenciado de forma a oferecer um bom atendimento ao cliente sem afetar as finanças da empresa.

Contas a receber é o que os clientes nos devem após uma venda. No entanto, se as contas a receber sair do controle independente da qualidade do cliente e os clientes não nos pagarem, isso pode comprometer o fluxo de caixa da empresa.

Além disso, devem ser fornecidas condições de crédito adequadas para não afetar o prazo médio de recebimento (Contas a Receber/Vendas Médias Diárias). Contas a pagar é o dinheiro que devemos aos nossos credores. Devemos negociar as melhores condições de pagamento para melhorar nossa posição financeira e evitar pré-pagamentos a fornecedores.

2. Elaboração de Demonstrações Financeiras.

Uma empresa possui 3 demonstrações financeiras principais:

• Balanço Patrimonial: É um resumo da situação da empresa em um determinado momento. É composto por Ativo (o que você tem), Passivo (o que você deve) e Capital (Ativo = Passivo + Capital). Aqui está um exemplo bem simplificado.

Balanço geral

Ativos	
Caixa	10
Conta a Receber	10
Inventário	20
Equipamentos	100
Ativos Totais	140
Passivos e Capital	
Conta a pagar	30
Dívidas de longo prazo	100
Patrimônio líquido	10
Total Passivo e Patrimônio Líquido	140

• Demonstração de resultados. É um resumo da operação da empresa durante um período específico.

Exemplo:

Demonstração de resultados

Receitas de Vendas	100
Custo das mercadoría vendidas	60
Margem Bruta	40
Menos despesas Operacionais (por exemplo, alugel)	20
Lucro líquido antes dos impostos R$	20

- Demonstração do Fluxo de Caixa: Mostra a origem e aplicação do caixa.

Demonstrativo de fluxo de caixa

Fluxo de caixa líquido das atividades operacionais.	500
Fluxo de caixa líquido das atividades de investimento.	-300
Fluxo de caixa líquido das atividades de financiamento	-100
Aumento de caixa líquido	100

3. Planejamento Financeiro

Em geral, o orçamento da empresa é feito anualmente levando em consideração as previsões de vendas, planos de produção, orçamento de despesas de cada departamento (operacional, marketing, compras, tecnologia da informação, entre outros) para elaborar as demonstrações financeiras do próximo período

Além disso, orçamentos de capital (por exemplo, computadores, caminhões, máquinas etc.)

4. Avaliação de projetos de longo prazo.

A empresa pode adquirir mercadorias que durem mais de um ano (por exemplo, um caminhão para distribuição).

Primeiramente, deve-se analisar se é melhor comprá-lo ou alugá-lo usando ferramentas financeiras como o valor presente ou anos de retorno do investimento (Pay back period).

Pay Back Period = Investimento Inicial / os benefícios obtidos. Por exemplo, se eu comprar uma máquina por 10.000 USD e o Lucro for 2.500 USD. O payback seria 4 (10.000/ 2500 = 4), porém este método não leva em consideração o valor do dinheiro no tempo. Uma calculadora financeira pode realizar esses cálculos levando em consideração a taxa de juros, o período de análise, os investimentos e o fluxo de caixa líquido.

5. Auditoria:

A auditoria verifica se eles estão cumprindo as

procedimentos e políticas dos diferentes departamentos, de acordo com as normas contábeis aceitas.

No ciclo compra-pagamento, verifica-se que existem ordens de compra aprovadas antes da data de faturamento. Além disso, o cumprimento do número de cotações necessárias para cada compra. No inventário, comprova-se que é o mesmo nos sistemas de informação e nos inventários físicos.

C. Recursos Humanos

A área de Recursos Humanos é responsável, em conjunto com os gestores das diferentes áreas, pela seleção do capital humano de acordo com o perfil do cargo.

Suas funções são:

1. **Seleção de pessoal:** são recebidos os currículos e selecionados aqueles que atendem ao perfil. Testes de linguagem, numéricos ou de habilidades sociais podem ser colocados. Em seguida, é escolhida uma pequena lista para uma entrevista que é fundamental para a seleção e é feita uma oferta ao candidato que melhor atende ao perfil. Exames médicos podem ser necessários.

2. **Treinamento e Desenvolvimento:** É preciso desenvolver adquirindo novas habilidades. Os treinamentos são ministrados em habilidades técnicas da função e soft skills.

3. **Avaliação de Desempenho.** Coordena a avaliação de desempenho. Geralmente, é realizado anualmente pela chefia imediata para avaliar o cumprimento de objetivos técnicos (por exemplo, volume de vendas) e

comportamento organizacional (por exemplo, trabalho em equipe, liderança). Também são feitas avaliações 360° com feedback dos clientes internos do colaborador.

4. Avaliação da cultura organizacional: Coordena as pesquisas de cultura organizacional, que é o sistema de crenças de uma organização que a distingue de outra empresa.

5. Planejamento de carreira: Envolve preparar os colaboradores para o seu potencial para as seguintes atribuições.

6. Motivação: A motivação nos leva a fazer o trabalho e nos ajuda a ficar satisfeitos com ele. Sem motivação, encontraremos várias desculpas para não terminar a tarefa. Existem diferentes teorias de motivação, por exemplo, a teoria da hierarquia das necessidades de Maslow, a teoria de dois fatores de Herzberg (Motivação e Higiene). A teoria da Motivação e Higiene menciona que determinados fatores produzem satisfação (reconhecimento, responsabilidade, realização) e outros, insatisfação (condições de trabalho, tipo de supervisão, política salarial). Também é sugerido nesta teoria que remover a insatisfação não a torna satisfatória.

Em outras palavras, se os elementos que causam insatisfação são eliminados, eles nos colocam em um ponto neutro. Os fatores higiênicos que produzem insatisfação quando não estão presentes, mas não satisfação ou satisfação temporária quando estão presentes. Em vez disso, os fatores motivadores (reconhecimento, realização) produzem satisfação.

7. Liderança

A liderança é uma qualidade altamente valorizada no mundo do trabalho e refere-se à capacidade de um indivíduo influenciar uma equipe de trabalho para atingir os objetivos da empresa.

Existem várias teorias de liderança, por exemplo, a teoria baseada nas características da liderança. Concentra-se nas características pessoais do líder. O modelo Big Five onde adaptabilidade, responsabilidade, estabilidade emocional, abertura a experiências, relacionamento interpessoal são citados como parte das características para ser líder.

A inteligência emocional também é mencionada.

Muitas vezes as pessoas apenas aprimoram suas habilidades técnicas, mas também devem treinar em inteligência emocional, pois é considerada importante para a liderança. É importante administrar nossas emoções, por exemplo, raiva, frustração, ciúme, desconforto entre outras para ter um comportamento profissional.

Outras teorias mencionam os estilos de liderança baseados na tarefa ou baseados no indivíduo, liderança carismática, liderança transformacional, entre outros.

Um ponto muito importante na liderança é a capacidade de entregar resultados, ter integridade, priorizar entre múltiplas situações, entre outros.

Os departamentos de recursos humanos geralmente têm programas ou treinamento de liderança para os funcionários da empresa.

D. Jurídico e Tecnologia da Informação

Jurídico:

Funções:

1. Criação da empresa

Para iniciar uma empresa, você deve cumprir os regulamentos governamentais de registro de empresas, por exemplo, aviso de abertura de empresa, registro público e outros requisitos.

Além disso, existem diferentes formas para a criação de uma empresa como pessoa física ou pessoa jurídica (empresa).

Uma empresa individual (pessoa física) tem apenas um proprietário, é típico de pequenas empresas. A vantagem é que sua criação é simples, mas tem responsabilidade ilimitada, ou seja, o passivo (o que é devido) da empresa é de responsabilidade pessoal do proprietário e pode ser reclamado contra o patrimônio pessoal do proprietário pelos credores.

Na corporação (pessoa jurídica), os proprietários são os acionistas. Eles têm responsabilidade limitada para o investimento na empresa. Os acionistas votam para eleger um conselho de administração, a quem o presidente ou gerente geral da empresa se reporta. O presidente é responsável pela direção da empresa e por seguir as políticas do conselho de administração.

2. Assessoria jurídica.

O departamento jurídico pode assessorar os gestores da empresa em questões trabalhistas, cíveis ou comerciais, entre outras. Sempre que um contrato comercial é elaborado, é recomendável que o departamento jurídico dê a sua aprovação. Desta forma, a empresa reduz os riscos de potenciais conflitos comerciais ou legais.

3. Tecnologia da Informação A tecnologia gerencia as informações de toda a empresa, por exemplo, um sistema de informações gerenciais, que fornece informações sobre vendas, compras, produção, finanças, entre outras, para uma melhor tomada de decisão. Além disso, garante que o hardware computadores, servidores, periféricos) funcione de forma otimizada e da mesma forma que as redes telecomunicações com seus protocolos, comunicação com ou sem fio e segurança do computador. O software (programas ou sistemas de informação, banco de dados) deve estar disponível para o funcionamento da empresa. Atualmente, dependemos muito da tecnologia da informação para realizar o trabalho em uma empresa.

Conclusão

Começar a gerenciar uma empresa requer uma visão geral de todas as atividades que são realizadas, marketing, operações, finanças, recursos humanos, tecnologia da informação. Todas essas funções estão inter-relacionadas, portanto, ao tomar uma decisão, é necessário ter uma visão da empresa. Se você é um colaborador de Operações ou Engenharia, é conveniente saber o que os outros departamentos fazem para melhor realizar sua tarefa e agregar valor à empresa como um todo. Nenhum departamento ou função é mais importante que outro. Por exemplo, Marketing depende de Operações para fabricar o produto e Operações depende de Marketing para vendê-lo ou colocá-lo no mercado. Finanças depende de Operações e Marketing para ter um fluxo de caixa efetivo de dinheiro de vendas, custo de produção e despesas.

Depois de ter uma compreensão geral da empresa, você deve conhecer o máximo possível sobre sua área para atender aos objetivos da empresa.

É provável que você trabalhe em apenas uma área da empresa durante sua carreira, digamos, Finanças, e provavelmente se torne um especialista nesse departamento. No entanto, conhecer as demais áreas funcionais da empresa fará de você um profissional melhor. Faça seu trabalho da melhor maneira possível com a visão de um gerente geral.

O Gerente Geral da empresa deve coordenar todos os departamentos funcionais (Finanças, Operações, Marketing, Recursos Humanos entre outros) para atender aos objetivos da empresa, com foco em como manter os clientes atuais satisfeitos, como aumentar a participação de mercado, produzir com a maior produtividade, ter um capital humano motivado, responsável e comprometido com a empresa, além de direcionar as finanças da empresa (fluxo de caixa, capital de giro, demonstrações financeiras e questões fiscais).

Em relação à engenharia, que é a aplicação da ciência para fins práticos na sociedade.

Existem várias especialidades de engenharia que são derivadas de cinco ramos:

1. Engenharia Civil.

2. Engenharia Mecânica.

3. Engenharia Elétrica.

4. Engenharia Química

5. Engenharia Industrial

Geralmente, as diferentes especialidades de engenharia em seus primeiros anos estudam as ciências básicas (por exemplo, termodinâmica, mecânica dos fluidos, estática, dinâmica, resistência dos materiais, eletricidade, economia da engenharia, matemática, ciência dos materiais e química).

É importante que o engenheiro de qualquer especialidade tenha conhecimento dos demais ramos da engenharia para facilitar seu trabalho. A engenharia é uma aplicação prática das ciências em benefício da humanidade. Nas empresas industriais, eles trabalham na pesquisa de desenvolvimento, design de produto, geralmente em conjunto com o departamento de marketing.

É difícil imaginar o mundo atual sem os benefícios que a engenharia traz para diferentes produtos e serviços, por exemplo, geração, transmissão e distribuição de energia elétrica, sistemas de água potável, equipamentos médicos, redes de comunicação, satélites, sistemas de ar condicionado e refrigeração, refino de petróleo, para obtenção de gasolina, produtos de uso diário como sabão ou detergentes, motor de combustão interna e carros elétricos, celulares, aviões, computadores, entre outros.

As ciências de administração e engenharia se complementam nas diversas funções da empresa industrial, onde geralmente se encontram engenheiros na área de produção.

Espero que para os alunos que vão continuar seus estudos em engenharia ou administração de empresas, e para o público relacionado às ciências, negócios ou tecnologia, este livro deu a eles uma visão geral dos tópicos a serem abordados em engenharia e administração de negócios e que facilita a escolha do que desejam aprofundar.

Desejo-lhe muito sucesso em suas carreiras profissionais, na área de engenharia ou administração de empresas.

Bibliografía

Barrios, A. (2022). *MBA en Minutos*, USA: Amazon Kindle Direct Publishing.

Barrios, A. (2022). *Ingeniería en Minutos*, USA: Amazon Kindle Direct Publishing.

Garner, G. (2002). *Career in Engineering*, USA: McGraw Hills.

Gitman L. Zutter C (2012), *Principios de administración financiera*, México: Pearson Educación.

Heizer J. Render B. (2014), *Administración de Operaciones*, México: Pearson Educación.

Hernández, S (2006). *Introducción a la administración,* México:McGraw- Hill.

Potter, Merle. *Fundamental of Engineering Review*, USA: Sheridan Books

Robbins S. Judge T. (2009), *Comportamiento Organizacional*, México: Pearson Educación

Staton W. Etzel M. Bruce W. (2007), *Fundamentos de Marketing,* México: McGraw- Hill Companies, Inc.

Figura Industria por AngyDS sob licença CC BY 2.0.

Figura Plan de Negocio por EpicTop10 sob licença CC BY 2.0.

Autor

O autor é graduado com Master of Business Administration (MBA) e Bacharel em Engenharia. Ele trabalhou por mais de 20 anos em empresas multinacionais em diferentes países, incluindo Estados Unidos, América Central e Brasil.

www.ingramcontent.com/pod-product-compliance
Lightning Source LLC
Chambersburg PA
CBHW031444210526
45464CB00005B/2325